ESSAI

SUR

LE PRINCIPE DE LA DÉMOCRATIE.

ESSAI

SUR LE PRINCIPE

DE

LA DÉMOCRATIE

PAR

C.-F. BENOIST.

Inviolabilité du droit de discussion.

PARIS

TYPOGRAPHIE PLON FRÈRES

RUE DE VAUGIRARD, N° 36.

Juillet 1849.

AU PEUPLE.

Que ton règne arrive !
Que ta volonté soit faite !

DÉCLARATION.

<blockquote>
« La liberté de la presse est tellement liée
» à la vie politique du pays qu'il est impos-
» sible que le projet ait pour but de la dé-
» truire..... Nous ne voulons pas supprimer
» la liberté de discussion..... si l'on touchait
» à cette liberté, je serais le premier à com-
» battre en sa faveur. »

(Discours de M. O. Barrot, séance du 21
juillet 1849.)
</blockquote>

Je veux le règne du peuple et le gouvernement de l'intelligence. Je suis opposé à toute insurrection, à toute révolution violente. Je répudie hautement la doctrine de la souveraineté du but, doctrine de despotisme. Je désire ardemment la réalisation des idées reconnues bonnes, utiles, justes, vraies, mais je la veux uniquement amenée par la discussion, par la persuasion.

Comme M. Émile de Girardin, je ne crois ni à la stabilité de l'ordre basé sur la force, ni à la durée de la liberté issue de la violence; comme lui, je n'ai de confiance que dans l'ordre basé sur la liberté, que dans la liberté issue de l'ordre; avec lui, je veux le progrès qui exclut la stagnation et l'agitation.

Je condamne la stagnation ennemie du progrès, l'agitation ennemie de l'ordre, la compression qui cause l'explosion, la liberté limitée qui engendre les révolutions.

Je veux la liberté des divers modes de manifestation de la pensée humaine : liberté de conscience, liberté d'enseignement, liberté de la presse, liberté de réunion, liberté d'association. Je veux toutes ces libertés, et je les veux toutes ensemble, parce que toutes elles sont solidaires entre elles. Je les veux toutes illimitées, parce que toute limite à la liberté de la pensée est illusoire, dangereuse et nuisible. Illusoire : on cherchera, on trouvera toujours le moyen d'éluder, de surmonter les obstacles posés par la loi à l'exercice d'un droit naturel; dangereuse : toute restriction, toute compression provoquent la résistance et la lutte qui engendrent les révolutions; nuisible : le temps, la force et l'énergie employés à combattre pour ces libertés et à les conquérir seraient, personne ne le contestera, plus utilement employés à chercher, à pratiquer un bon système d'administration, à développer la moralité, l'intelligence et le bien-être du peuple, à améliorer l'agriculture, à perfectionner l'industrie, à étendre le commerce.

Enfin, je crois à la puissance de l'idée, à l'impuissance de la force. Mon mot d'ordre est : *discutons*.

La Constitution décrétée par l'Assemblée nationale le 4 novembre 1848 a le caractère d'une loi. Je m'incline devant cette loi comme devant toute autre loi de mon pays, à la condition toutefois que mon droit de discussion sera respecté. Obéir autrement est le fait d'un esclave.

Deux sortes de gouvernements sont logiques. Ceux qui, comme le pouvoir absolu, gouvernement de fait, s'appuient franchement sur la force, et ceux qui, comme la démocratie, gouvernement de droit, s'appuient franchement sur un principe : les uns comme les autres ne pouvant vivre et durer que par une bonne administration, bonne du moins relativement à l'état de la civilisation.

Aucun autre principe que la souveraineté du peuple ne peut servir de base à un gouvernement de droit, et, comme la souveraineté du peuple n'est praticable que dans une république démocratique, la démocratie est le seul gouvernement de droit possible, et tout autre gouvernement, quelle que soit sa forme, n'a chance de durée qu'en s'appuyant sur la force comme le pouvoir absolu.

Le gouvernement actuel de la France est une république constitutionnelle qui, comme tous les gouvernements bâtards, rentre dans le système des gouvernements de fait, de même que ses devancières la monarchie constitutionnelle et la monarchie légitime. Croire que ces gouvernements se puissent solidement asseoir sur un principe et se passer un seul instant de la force est une erreur que la France expie cruellement depuis soixante ans.

Non, la légitimité elle-même n'est pas un principe. C'est, ou plutôt, ç'a été une croyance, une foi. Quand cette foi régnait sur le cœur des peuples, la monarchie légitime qui, en réalité, n'est que le pouvoir absolu, a pu prendre l'apparence d'un gouvernement de droit, parce qu'il y avait acquiescement de la part du plus grand nombre à cette forme. Mais lorsque, comme aujourd'hui en France, cette foi ne vit plus que dans quelques cœurs, fût-ce dans de nobles cœurs, j'aime à le croire, la légitimité perd même l'apparence d'un gouvernement de droit; elle n'est plus qu'une monarchie absolue ou une monarchie constitutionnelle.

La légitimité un principe! Mais qui donc pourrait dire où elle commence, où elle finit? Combien il faut de transmissions du pouvoir dans une famille pour la rendre légitime? Les Mérovingiens étaient-ils légitimes? Comment les Carlovingiens le sont-ils devenus? et comment les Capétiens? Le prétendu principe de la légitimité sur lequel s'appuyaient ces derniers les a-t-il empêchés de tomber trois fois en moins d'un demi-siècle? Le beau principe qu'un principe qui ne supporte pas l'examen! Et l'on viendrait encore nous présenter, comme une ancre de salut, la légitimité, cette foi morte de nos pères? Fragile appui!

Parlerons-nous de la monarchie constitutionnelle avec ou sans la légitimité, ce qui ne change rien à ses conditions d'existence? Pourquoi viendrions-nous remuer des cendres qui s'éteignent? Qui, aujourd'hui en France, oserait proposer ou défendre cette forme de gouvernement?

La république constitutionnelle, à notre avis, ne diffère de la monarchie constitutionnelle que par quelques inconvénients de plus. En parlant des constitutions écrites, nous nous occuperons implicitement de cette forme de gouvernement. Toutefois, remarquons ceci en passant : se dire démocrate et ami de la Constitution est une absurdité. On est ou légitimiste, ou royaliste constitutionnel, ou républicain constitutionnel, ou démocrate, ou aristocrate, etc., etc. ; mais on ne peut être démocrate et constitutionnel en même temps; on est l'un ou l'autre, ou quelquefois l'un après l'autre. Aussi, grande a été notre surprise qu'il soit venu à la pensée d'hommes sérieux de nommer leur réunion : *Société démocratique des amis de la Constitution*. Eh! Messieurs, soyez amis de la Constitution, c'est votre droit, mais vous n'étiez pas ou vous n'êtes plus démocrates.

Reste la République démocratique, gouvernement

de droit, s'appuyant, à l'exclusion de tout autre, sur la souveraineté du peuple, principe unique, sur lequel, désormais, en France, et bientôt en Europe, se puisse fonder un édifice solide.

Mais sait-on bien ce que peut être la souveraineté du peuple?

Pour beaucoup, pour le plus grand nombre des hommes, libéraux, républicains, démocrates, hommes d'État, administrateurs, savants, philosophes, etc., la souveraineté du peuple est une expression vide de sens. La preuve en est que l'Assemblée nationale, décorée du nom de constituante, a cru faire une Constitution conforme au principe de la démocratie, qui étayât, qui assurât ce principe, et que presque toute la presse a prêté les mains à cette œuvre; la preuve en est que l'Assemblée nationale a voulu faire une Constitution qui ne pouvait être qu'une négation de la souveraineté du peuple, et que personne, dans cette Assemblée de neuf cents représentants élus par le suffrage universel, que personne dans la presse, sauf une exception, que personne dans le public, sauf une exception, que personne dans le pays n'a paru soupçonner qu'il y avait là des questions préliminaires de la plus haute gravité qu'il importait, avant tout, d'examiner et de décider : celles de savoir s'il peut exister une loi d'une nature différente de celle des autres lois, ayant plus d'autorité que les autres, une loi des lois, comme disait M. Thiers à la séance du 24 juillet ; de savoir s'il n'est pas de l'essence de toute loi humaine d'être mobile, de toujours pouvoir être rapportée et de n'avoir d'autre condition de durée que l'utilité de son existence ; de savoir si l'Assemblée nationale reconnaissant, proclamant la souveraineté du peuple, pouvait faire une Constitution sans tomber dans l'inconséquence, sans violer, sans anéantir le principe sur lequel elle avait la présomption et la naïveté de s'appuyer ?

Et cependant, ces questions avaient été traitées dans un journal très-répandu, avec l'autorité du talent, de la raison, du bon sens et de la bonne foi, par le rédacteur en chef de *la Presse*[1] ; et cependant, ces questions avaient été soumises à l'Assemblée dans une pétition qui, à la vérité, n'a pas été rapportée. Mais telle est la ténacité, telle la cécité d'un préjugé, tellement répandu était ce préjugé de l'utilité, de la nécessité, de l'indispensabilité d'une Constitution écrite, qu'aucune de ces questions n'a été soulevée dans le sein de l'Assemblée.

Voyons donc ce que peut être une Constitution, quelle portée elle peut avoir, s'il est convenable,

---

[1] Les articles de *la Presse*, sur ces questions, ont été réunis, par M. de Girardin, dans une brochure intitulée : *Avant la Constitution*. Cette brochure se trouve chez MM. Lévy frères, rue Vivienne, n° 1.

s'il est indispensable d'en faire une, si elle est compatible avec le principe de la démocratie, si elle peut ajouter la moindre force à un gouvernement quelconque.

Et d'abord fixons bien le sens du terme Constitution.

Selon nous, la Constitution d'un peuple est la résultante des mœurs, des habitudes, des institutions civiles, politiques et religieuses de ce peuple, de tout ce, en un mot, qui constitue son existence comme nation. Elle se développe avec et par le temps. D'où il suit que toute nation a sa Constitution; d'où il suit encore qu'on ne fait pas une Constitution à priori, qu'on peut tout au plus la constater, par l'observation, pour un temps donné; d'où il suit, enfin, que l'idée d'une Constitution fabriquée de toutes pièces et pour la circonstance est une idée radicalement fausse. Nous croyons, avec J. de Maistre, qu'une Constitution ne résulte pas d'une déclaration, que les droits des peuples ne sont jamais écrits, ou qu'ils ne le sont que comme simple déclaration de droits antérieurs non écrits. Nous ajoutons qu'il est inutile et très-dangereux de les écrire.

Pour les républicains en général, comme pour l'école libérale tout entière, une Constitution est tout autre chose, une Constitution est « la charte » ou la loi fondamentale qui détermine la forme du

» gouvernement et règle les droits politiques des
» citoyens. » (*Dictionnaire de l'Académie.*) — « Les
» changements essentiels dans les formes de la
» Constitution ne doivent pas appartenir au pouvoir
» législatif ordinaire ; cette fonction importante ne
» doit appartenir qu'à des Assemblées spéciales
» nommées par le peuple qui les investit de l'au-
» torité constituante. » (*Dictionnaire politique de
MM. Pagnerre, Duclerc, Garnier-Pagès*, etc.)

Pour ce qui nous reste à dire, nous prenons le
terme dans cette dernière acception évidemment
adoptée par le public et par l'Assemblée nationale,
et nous soutenons qu'une Constitution, dans ce sens,
est destructive de la souveraineté du peuple.

Toute Constitution écrite est nécessairement et ne
peut être que ceci : *Un pacte, un lien, une limite.*

Un pacte! entre qui? Pour un pacte il faut plu-
sieurs parties intervenantes. Ainsi, pour la Charte
de 1814, roi et peuple ; pour celle de 1830, peuple
et roi ; pour l'union américaine, les divers États ;
pour d'autres formes républicaines, les différentes
classes. On comprend, sous un rapport, Louis XVIII
octroyant une Charte au peuple français sur lequel
il prétendait régner de droit divin ; on comprend
de même le peuple français imposant une Charte à
Louis-Philippe pour limiter et régulariser les pou-
voirs du roi qu'il se choisissait ; on comprend encore
un pacte entre les diverses parties de l'Union amé-

ricaine ou de toute autre République fédérative, ou entre les différentes classes d'une République non démocratique ; on comprend enfin toutes ces chartes, toutes ces constitutions, ayant ou paraissant avoir le caractère d'un pacte, d'un contrat ; contrat de peu de valeur parce qu'il manque de sanction, parce qu'à côté ou au-dessus des parties contractantes, il n'y a pas un juge. Mais, en France, après février 1848, lorsque le peuple seul est resté debout, quand toute distinction de classe a disparu (la bourgeoisie n'est pas une classe), avec le suffrage universel, où trouverez-vous les parties intervenantes ? Pour nous, nous n'en voyons qu'une, le peuple souverain ; il nous est impossible d'en découvrir une autre.

Un lien ! Qui est-ce qui sera lié ? le peuple ? lié envers qui ? envers lui-même ? Évidemment ce lien, s'il n'est pas un frein vigoureusement maintenu par le bras du despotisme, ce lien n'aura de force qu'aussi longtemps que la volonté du peuple subsistera la même. Le jour où cette volonté changera, le lien sera rompu. Ce que fait une assemblée, elle-même ou une autre, le peut, sans nul doute, modifier ou défaire. L'opinion est variable. Les majorités sont changeantes. Est-ce à dire que la France va passer son temps à faire, défaire et refaire des Constitutions ? Belle besogne !

Une limite ! Que veut-on, que peut-on limiter ? la souveraineté du peuple ? où puisera-t-on ce droit ?

Limiter la souveraineté du peuple ! Mais c'est mettre quelque chose au-dessus de cette souveraineté, mais c'est la détruire. Qu'y a-t-il, que peut-il y avoir au-dessus du peuple si ce n'est Dieu ? A moins donc, ce qui paraîtra difficile, qu'une assemblée ne parvienne à faire accroire au peuple français qu'elle est l'interprète de la Divinité, quelle autorité aura-t-elle, nous le demandons, quel droit pour imposer sa Constitution à ce peuple ?

Or, cette constitution qui, dans l'espèce, ne peut être un pacte, parce que les éléments d'un contrat manquent ; qui, comme lien, n'a absolument aucune valeur, à moins d'être un frein maintenu par le despotisme ; qui, comme limite, est évidemment nulle en droit, cette Constitution que peut-elle être ? Nous allons le dire. Si elle n'est pas une simple loi d'organisation pouvant, malgré toutes dispositions contraires, être toujours rapportée et l'être par toute assemblée, si elle n'est pas cela et rien que cela, elle est une usurpation sur la souveraineté du peuple.

En effet, si, dans la limite du possible, la souveraineté du peuple ne se peut exercer que par l'intermédiaire d'une assemblée, elle doit, du moins, pour être une réalité, toujours y résider, et y résider tout entière, dans toute sa plénitude. Toute distinction est vaine entre Assemblée législative et Assemblée constituante ou de révision, par la raison qu'il n'y a pas une souveraineté du peuple plus restreinte et une autre plus étendue, que cette souveraineté ne peut ainsi changer de nature.

Oui, nous le disons, si la souveraineté du peuple ne réside pas toujours, tout entière, sans limites ni restrictions dans une assemblée, elle n'est plus une réalité, elle est une fiction. Que serait cette souveraineté latente n'ayant pas toujours le pouvoir de se manifester, d'user de son libre arbitre, ne le pouvant qu'avec permission et à intervalles? Un pouvoir supérieur à celui du peuple accorderait donc à ce peuple l'exercice de la souveraineté pour un temps et le lui dénierait pour tout autre temps? Serait-ce bien une souveraineté réelle que cette souveraineté intermittente?

Dès que l'on entendait ainsi la souveraineté du peuple, ne s'exerçant qu'avec permission et à intervalles, mieux valait cent fois rayer le mot dans la Constitution, puisqu'on y détruisait la chose. Car il importe peu qu'il soit écrit quelque part : Souveraineté du peuple. Ce qui importe, avant tout, c'est de la pratiquer, c'est de la faire vivre.

Et pour cela, ni constitution écrite, ni pouvoir supérieur et irresponsable, ni président, ni consuls, ni directeurs, ni comités, ni quoi que ce soit de semblable, aucune fiction, aucune superfétation.

Une loi, une modeste loi d'organisation; une organisation la plus simple possible, se rapprochant le plus possible de la réalité et de la vérité; une orga-

nisation n'ayant d'autre condition, ni d'autre pré-
tention de durée que l'utilité de son existence, mais
d'autant plus stable qu'elle serait et plus simple et
plus vraie; moins les rouages sont nombreux et
compliqués, mieux et plus longtemps fonctionne la
machine; enfin, une organisation rendant elle-même,
chaque jour, témoignage du principe de la démocratie.

Sachons-le bien, la stabilité vainement cherchée
dans une constitution écrite, incapable de la donner,
nous la trouverons seulement dans une organisation
rationnelle, étayant, facilitant une bonne administration. Tout est là. Quelle force voulez-vous que puisse
tirer un gouvernement quelconque d'une constitution écrite, vaine entité métaphysique n'ayant même
pas le faible mérite d'être en harmonie avec le principe que tous ou presque tous nous proclamons; qui,
au contraire, en est la négation? Pour ceux-là qui
nient le principe, une constitution, soit; mais pour
ceux qui l'admettent, quelle inconséquence!

Projet d'organisation.

Le peuple souverain concentré dans une Assemblée nationale permanente, annuelle, peu nom-
breuse, *règne*. L'Assemblée vote le budget et délègue
le pouvoir à un ministère responsable, toujours ré-
vocable. Après avoir voté le budget et confirmé ou
changé le ministère, l'Assemblée se proroge, laissant

son président investi, avec responsabilité, du droit
de la convoquer pour des circonstances graves.

Trois ministres *gouvernent*. Le président du con-
seil, nommé par l'Assemblée, résume en lui tous
les moyens d'action, de législation, de contrôle, de
surveillance et d'émulation. Il choisit un ministre
des finances publiques et un ministre des services
publics.

Un grand nombre de directeurs généraux *admi-
nistrent*. Autant de directeurs qu'il peut y avoir d'u-
nités administratives; chacun d'eux nommé par le
ministre duquel il dépend.

Tels sont les principaux traits de cette organisation. Est-elle logique, praticable, simple, bonne,
utile? Est-elle en harmonie avec la République démocratique, l'état actuel de la civilisation française
et les idées généralement répandues? En connaît-on
une autre réunissant toutes ces conditions à un si
haut degré? Là doit être la question pour tous les
hommes sincèrement dévoués aux intérêts du peuple. Si l'on en présente une meilleure, que la meilleure soit préférée. Mais, au nom de Dieu, au nom
de l'humanité, au nom du peuple français, leur
plus noble représentant sur la terre, plus de fictions!
la réalité! la réalité!

En résumé, nous soutenons :

Que la souveraineté du peuple est le seul principe pouvant servir de base à un gouvernement de droit, et que ce gouvernement, nécessairement république démocratique, est le seul qui, désormais en France, ait chance de stabilité ;

Que la souveraineté du peuple est incompatible avec toute autre forme de gouvernement qu'une République démocratique ;

Qu'un gouvernement s'appuyant sur une constitution écrite, qu'il soit monarchique ou républicain, est un gouvernement bâtard, transitoire et éphémère ;

Que la légitimité d'une famille héréditaire n'est pas un principe de gouvernement ;

Que le seul gouvernement légitime est la République démocratique consentie par la majorité de la nation ;

Que l'idée d'une constitution écrite, cette constitution, ce qui n'est pas, fût-elle compatible avec le principe de la démocratie, est une idée radicalement fausse ; qu'on ne constitue pas les peuples avec un papier. Dès qu'on a enfermé une nation dans un vêtement qui l'étouffe, ou seulement qui gêne ses mouvements, au lieu de les laisser libres, elle met le vêtement en pièces au premier obstacle : ce qui est arrivé à toutes les constitutions écrites, et devait leur arriver ;

Que, sur la terre, si un peuple a vécu avec une constitution écrite, ce n'est pas à cause de cette constitution qu'il a vécu comme peuple, mais malgré elle.

Si quelqu'un connaît un principe autre que celui de la souveraineté du peuple pouvant servir de base à un gouvernement de droit, qu'il l'indique.

Si quelqu'un croit pouvoir mettre en pratique la souveraineté du peuple avec un gouvernement autre que la République démocratique, qu'il montre comment la chose est possible.

Si quelqu'un prétend que la République constitutionnelle est compatible avec la souveraineté du peuple, qu'il l'établisse.

Si quelqu'un soutient que la légitimité est un principe de gouvernement, qu'il le prouve.

Si quelqu'un a foi dans la vertu des constitutions écrites, qu'il nous fasse voir leur raison d'être, et comment elles se peuvent soutenir; nous ne disons pas soutenir quelque chose, mais se soutenir elles-mêmes.

Pour nous, fidèle à notre mot d'ordre, nous serons toujours prêt à discuter ces questions, comme aussi, nous serons toujours disposé à faire le sacrifice de notre opinion si l'on nous prouve qu'elle est fausse. Ce que nous recherchons, ce que nous poursuivons avec ardeur, c'est la vérité, toujours utile aux hommes; ce que nous craignons, ce que nous fuyons de toutes nos forces, c'est l'erreur toujours nuisible au peuple.

Dans cet essai, nous avons voulu deux choses : 1° poser des questions fondamentales et provoquer la discussion sur ces questions; 2° prouver, autant que nous avions puissance de le faire, qu'il y a incompatibilité absolue entre une constitution écrite et le principe de la démocratie. Avons-nous atteint le but?

La forme de cet essai nous appartient, le fond ne nous appartient pas. Il appartient à un homme fort entre tous. La vive lumière qui incessamment jaillit du foyer de cette belle intelligence, trouble, éblouit et blesse les yeux de tous les hommes de partis, de tous ceux surtout qui exercent ou aspirent à exercer le pouvoir. Aussi, lorsqu'ils ne peuvent mieux faire, lorsqu'ils ne peuvent, comme on l'a vu naguère, le jeter dans un cachot humide, s'en vengent-ils par le dénigrement, le sarcasme ou la calomnie. Lui, réactionnaire ou fauteur d'oppression, l'homme de la liberté et du progrès! Lui, révolutionnaire ou démagogue, l'homme de l'ordre et de l'organisation! O vérité sainte! quand seras-tu recherchée et respectée par les hommes!